Karina Stieler / Kristiana Heinemann

Fensterbilder
zur Weihnachtszeit

Karina Stieler/Kristiana Heinemann

Fensterbilder zur Weihnachtszeit

Riesengroß und farbenfroh
Mit Vorlagenbogen

AUGUSTUS

Inhalt

Vorwort 5

Tips und Tricks..........................6

Adventsquintett
mit Gastsänger..........................10
Stimmungsvolles Tannengrün...12
Weihnachtsbäckerei.................13
Adventsteller 14
Glocken und Schleifen............16
Advent – die vierte Kerze
brennt 17
Der ideale Christbaum............18
Mitten in den Vorbereitungen .. 20
Der Baum wird geputzt........... 22
Fensterdekoration
mit Nußknacker 24
Lustige Schneeballschlacht 25
Rentier im Paket..................... 26
Sockenparade 28
Kerzenglanz............................ 30
Schmunzelengel-Girlande....... 31
Auf dem schnellsten Wege...... 32
Ponyweihnachten 34
Das Christkind kommt............ 36
Bärenengel in den Wolken 38
Die Hirten auf dem Felde........ 40
Wo sind die Rentiere? 42
Der Nikolaus
besucht ein kleines Dorf....... 44
Die Engelchen bringen
Geschenke........................... 46
Rodelnde Weihnachtsgänse 48

Die Deutsche Bibliothek –
CIP-Einheitsaufnahme

Fensterbilder zur Weihnachtszeit :
riesengroß und farbenfroh ; mit
Vorlagenbogen / Karina Stieler/
Kristiana Heinemann. –
Augsburg : Augustus-Verl., 1999
(Kreathek)
ISBN 3-8043-0686-1

Fotografie: Klaus Lipa, Augsburg
Lektorat: Susanne Gugeler, Mering
Umschlagkonzeption: Kontrapunkt, Kopenhagen
Umschlaglayout: Melanie Gradtke
Layout: Anton Walter, Gundelfingen

AUGUSTUS VERLAG AUGSBURG 1999
© Weltbild Ratgeber Verlage
GmbH & Co. KG.

Satz: Gesetzt aus 10 Punkt Korinna von DTP-Design Walter, Gundelfingen
Reproduktion: GAV Prepress, Gerstetten
Druck und Bindung: Appl, Wemding

Gedruckt auf 115 g umweltfreundlich elementar chlorfrei gebleichtes Papier.

ISBN 3-8043-0686-1

Printed in Germany

Vorwort

Alle Jahre wieder kommt das Christuskind...
Den Heiligen Abend sehnen die Kinder seit undenkbaren Zeiten herbei, denn zu Weihnachten gehören nun einmal auch die Geschenke. Um das Warten auf den großen Tag zu verkürzen, wird in der Adventszeit gebacken und gebastelt.
In letzter Zeit wird es immer beliebter, individuellen, preiswerten Weihnachtsschmuck selber herzustellen. Es gibt unzählige Motive und Symbole für Weihnachten und die Adventszeit, und es hat uns viel Freude bereitet, für Sie eine abwechslungsreiche Auswahl an Fensterbildern zu entwerfen. Sie können die Bilder nach Ihren Vorstellungen variieren, den Umfang vergrößern und Szenen gestalten (z.B. durch das Anfügen von Bäumen, Figuren oder Wolken) oder nur ein Fragment (z.B. einen Engel oder einen Tannenbaum) als Highlight in Ihr Fenster hängen. Ein Blickpunkt sind sie allemal – unsere riesengroßen, farbenfrohen Fensterbilder zu Weihnachten.
Wir wünschen gutes Gelingen und viel Freude beim Basteln.

Ihre
Karina Stieler und
Kristiana Heinemann

6 Tips und Tricks

Papier

Für unsere Motive verwendeten wir Tonkarton, Regenbogen-Tonkarton, Farbverlaufkarton und Regenbogen-Wellkarton. Tonkarton gibt es jetzt in der Qualität »Solaris«, die im Tageslicht weitaus langsamer verblaßt als der herkömmliche Karton. Wenn Sie dünnere Papiere verwenden, müssen Sie diese mit dunklem Tonpapier hinterkleben, damit sie nicht durchscheinen. Sie benötigen weiterhin folgende Spezialpapiere: Holografiepapier oder -folie. Dieses dreidimensional schimmernde Papier ist in unterschiedlichen Farben und Oberflächenstrukturen erhältlich. Da das Material auch hier sehr dünn ist, müssen diese Papiere mit dunklem Fotopapier oder Tonpapier bzw. Tonkarton hinterklebt werden. Achtung: Verwenden Sie zum Kleben bei Holografiepapieren oder -folien nur lösungsmittelfreien Klebstoff. Das Lösungsmittel zersetzt nämlich die Struktur des Papieres und macht es unbrauchbar.

Gold- und Silberfolie. Für Weihnachtsbastelarbeiten unentbehrlich ist diese Folie. Sie ist mittlerweile in den verschiedensten Farben erhältlich – nicht nur in Gold und Silber. Mit dem Kauf einer Rolle haben Sie meistens zwei Farben, da Vorder- und Rückseite oft unterschiedlich gefärbt sind. Auch hier müssen Sie vorsichtig mit lösungsmittelhaltigem Klebstoff sein.

Transparentpapier. Dieses Papier erhalten Sie in Bögen oder auf Rollen. Rollen sind meistens preisgünstiger. Besonders effektvoll und vielseitig ist Regenbogen-Transparentpapier.

Japanpapier. Edle Struktur und samtmatte Oberfläche sind die Kennzeichen dieses Papieres. Erhältlich in verschiedensten Farben, kann es sowohl wie Transparentpapier als auch hinterklebt wie strukturierter Tonkarton verwendet werden.

Farben

Zum Bemalen der Fensterbilder verwenden Sie am besten Plakat- oder Bastelfarben, die mit spitzem Haarpinsel (Größe 1 bis 3) aufgetragen werden. Für dünne schwarze Konturen ist ein Tuschefüller der Stärke 0,7 sehr vorteilhaft. Sollten Sie glänzende Konturen bevorzugen, sind die Decorlack-Liner von Marabu für Sie bestens geeignet. Mit diesen Tubenfarben können Sie auch Glanzlichter (z.B. in die Augen) setzen. Für Schatteneffekte verwenden Sie Holzfarbstifte. Tragen Sie die Farben erst dünn auf, und verwischen Sie sie dann mit einem weichen Tuch oder mit einem sauberen Finger.

Scheren und Cutter

Nur eine scharfe Schere ist eine gute Schere. Spitz sollte sie außerdem sein und nicht zu groß (Klingenlänge 10 bis 14 cm). Binnenformen oder komplizierte Schnörkel schneiden Sie am besten mit einem Cutter aus. Ideal sind Cutter mit dreieckigen, auswechselbaren Klingen. Für das Arbeiten mit dem Cutter benötigen Sie eine stabile Schneideunterlage. Dazu eignet sich dicker Karton, ein Rest Linoleum oder eine Profi-Schneideunterlage, die Sie im Fachhandel für Grafikbedarf bekommen.

Stanzen

Nicht unbedingt nötig, aber praktisch sind Motivstanzen. Die von uns verwendete Sternenstanze hat uns viel Zeit erspart. Sie stanzt Papier und Folie bis 300 g/m^2. Die ausgestanzten Sternchen sind sehr dekorativ und vielseitig einsetzbar.

Klebstoff

Grundsätzlich können Sie alle Papierkleber verwenden. Dabei können Sie zwischen lösungsmittelhaltigen und lösungsmittelfreien Produkten wählen. Beide haben Vor- und Nachteile: Ein Klebstoff ohne Lösungsmittel trocknet langsamer und kann dünnere Papiere wellen. Dafür trocknet er transparent und kann auch von Kindern verwendet werden.

Klebstoff mit Lösungsmittel beschädigt unter Umständen beschichtete Papiere, z.B. Holografiepapiere. Er trocknet schnell und verbindet hervorragend Papier und Folie miteinander. Klebestifte sind für diese Arbeiten nicht zu empfehlen. Sie haben entweder nicht genug Klebekraft oder lassen sich nicht exakt genug auftragen.

Klebeband

Die hier gezeigten Fensterbilder werden nicht an Fäden aufgehängt, sondern mit doppelseitigem Klebeband an der Scheibe befestigt. Diese Klebebänder gibt es auch in einer transparenten Variante, die oft als Foto- oder Filmkleber angeboten werden. Die Fensterbilder lassen sich aber auch sehr gut mit einigen Streifen kristallklarem Klebeband an der Scheibe befestigen.

Übertragungsmöglichkeiten

Um die Vorlagen für die weihnachtlichen Fensterbilder vom Vorlagenbogen auf das Tonpapier zu übertragen, gibt es viele verschiedene Möglichkeiten. Die drei einfachsten stellen wir Ihnen hier in Kürze vor:

1. Variante

Zeichnen Sie die Motive des Vorlagenbogens mit Hilfe eines untergelegten Kohlepapiers (im Schreibwarenhandel erhältlich) auf das gewünschte Material durch. Das durchgezeichnete Motiv hat dann eine schwarze Kontur, die sich nicht wegradieren läßt. Wenn Sie das stört, entscheiden Sie sich am besten für die nächste Variante.

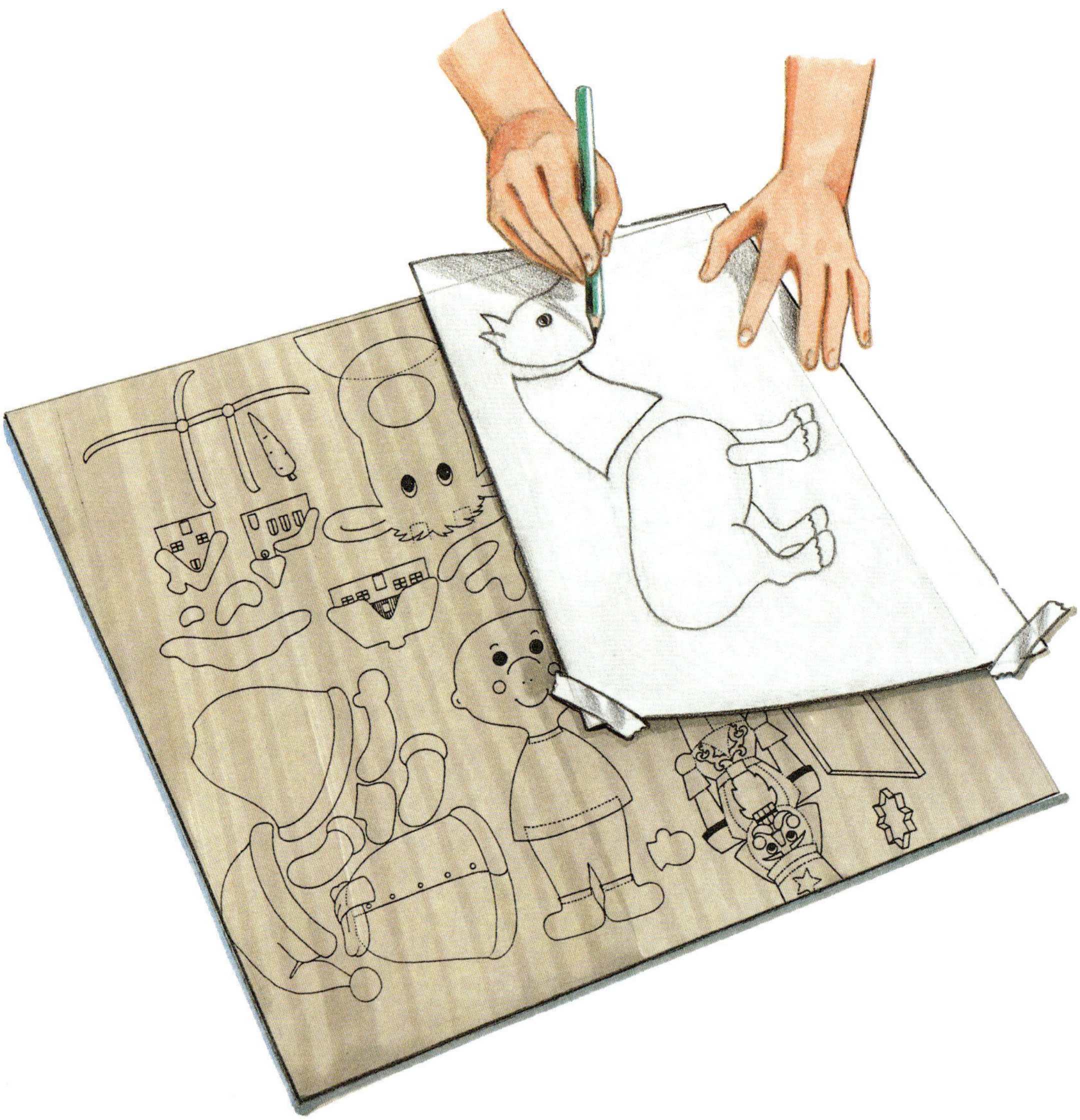

2. Variante

Legen Sie einen Bogen Transparentpapier auf das Motiv, und zeichnen Sie mit einem Stift (Bleistift, dünnen Filzstift oder Kugelschreiber) das ganze Motiv durch.

Drehen Sie das Transparentpapier um, und fahren Sie alle Linien auf der Rückseite mit einem weichen Bleistift (6B) nach (siehe links).

Drehen Sie das Transparentpapier erneut um, legen Sie es auf Ihren Tonkarton, und reiben Sie die Bleistiftlinien mit einem stumpfen Gegenstand (z.B. Falzbein oder Messerrücken) durch (siehe oben).

3. Variante

Sollten Sie ein Motiv mehrfach benötigen (z.B. einen Zweig oder einen Bären), ist das Anfertigen einer Schablone aus stabilem Karton zu empfehlen. Übertragen Sie die Vorlage nach Variante 1 oder 2 auf ein Stück stabilen Karton. Schneiden Sie das Motiv aus, und schon haben Sie Ihre Schablone, die Sie nur noch mit Bleistift zu umfahren brauchen.

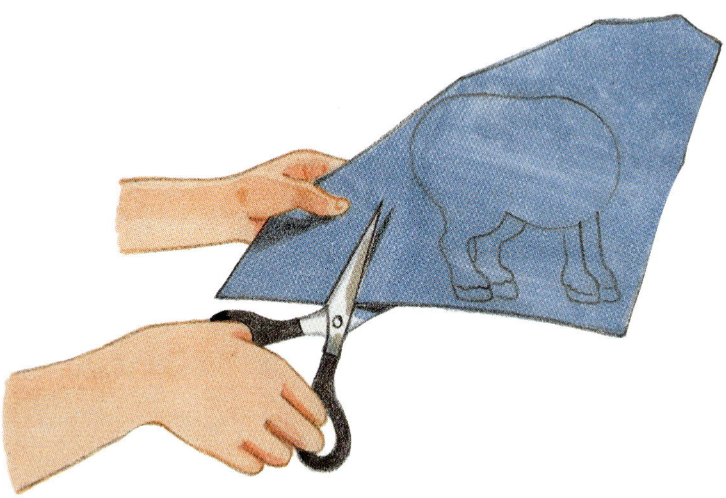

Adventsquintett mit Gastsänger

Wenn der fünfte Sänger Schnupfen hat, muß notfalls eben der Schneemann einspringen – auch wenn der etwas frostig singt...

Das wird gebraucht

Tonkarton in Weiß, Hellbraun, Dunkelbraun, Türkis, Orange, Hautfarben, Hellblau, Dunkelblau, Violett, Dunkelrot, Grün, Dunkelgrün, Olive, Pink, Gelb
Regenbogen-Tonkarton
Holografiefolie
Goldfolie
Bastelfarbe in Schwarz, Weiß, Rot, Gelb, Hellrosa
Holzbuntstift in Rot, Braun
Folienfilzstift in Schwarz
Klebstoff ohne Lösungsmittel

So wird's gemacht

Schneiden Sie die Einzelteile in den passenden Farben aus, und montieren Sie Figur für Figur. Beginnen Sie mit den Bäumen und den Schneeflecken. Bei dem rechten Baum fehlt das untere Stück, daher ist er etwas niedriger.
Bemalen Sie das Pony, und fügen Sie die Einzelteile zusammen. Auf der Mähne befestigen Sie zwei Sterne aus Holografiefolie. Für die zarten Flecken auf Flanke und Nase tragen Sie leicht Holzbuntstift auf und verwischen die Stelle mit dem Finger. Montieren Sie nun die einzelnen Sänger. Variieren Sie mit Farben, Frisuren und Kopfbedeckungen, dann wird Ihr Fensterbild besonders farbenprächtig. Jeder Sänger erhält zum Schluß ein Gesangbuch mit einem Stern aus Holografiefolie. Den Notenschlüssel malen Sie mit Folienfilzstift auf die Goldfolie. Nun können Sie die fertigen Sänger, und alle anderen Teile zu einem Bild zusammenfügen.

Verwendete Vorlagen: A1, A6a, A6b, A7–A9, A11–13, A17, A18, A21, A22, A30, A32, A33, A36, A37, B1

12

Stimmungsvolles Tannengrün

Mit diesen dekorativen Tannenzweigen geben Sie nicht nur Ihren Fenstern, sondern auch Türen und Wänden ein festliches Outfit.

Das wird gebraucht

Tonkarton in Hellgrün, Dunkelgrün, Maigrün, Graugrün, Rot, Hellblau, Hellbraun, Dunkelbraun, Weiß, Hellgelb
Farbverlaufkarton in Gelb-Orange bzw. Gelb-Grün und Violett-Blau
Holzbuntstift in Weiß
Filzstift in Braun, Dunkelrot
Decorlack-Liner in Weiß, Rosa
Sternenstanze

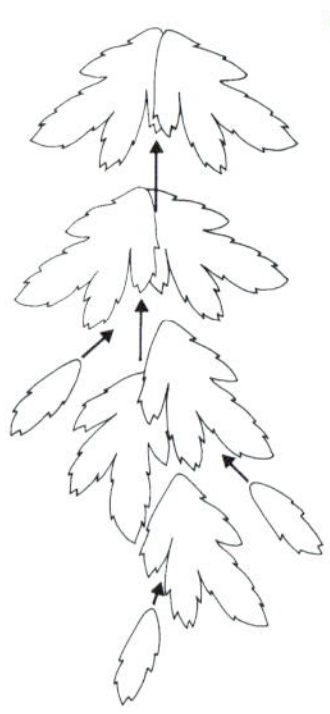

So wird's gemacht

Schneiden Sie alle Einzelteile aus. Den Tannenzweig (Vorlage C1) benötigen Sie siebenmal. Sie brauchen außerdem noch drei bis vier kleine Äste. Legen Sie die Einzelteile erst locker zusammen; beginnen Sie dabei mit den Zweigen von oben nach unten. Auf dem Bild links unten sehen Sie die Anordnung der Zweige. Kleben Sie die Teile nicht vollflächig zusammen; so kann der Weihnachtsschmuck später gut unter die Zweige geschoben werden. Befestigen Sie den Mistelzweig und setzen Sie darauf die Schleife. Die Mistelbeeren hellen Sie mit weißem Buntstift auf. Die Linien der Schleife ziehen Sie mit dunkelrotem Filzstift nach und punktieren die schattigen Partien. Anschließend verteilen Sie die Kugeln, Nüsse, Sternchen (Sternenstanze) usw. auf dem Zweig. Ein paar Glanzpunkte auf den Mistelbeeren und dem Christbaumschmuck (Decorlack-Liner) lassen das Fensterbild plastischer wirken.

Verwendete Vorlagen:
B3–5, B8, B9, B30, C1, C2, C9, D5

Weihnachtsbäckerei

Was wir schon lange insgeheim ahnten, wird nun Gewißheit – Rentiere und Bären können backen!

Das wird gebraucht

Tonkarton in Weiß, Hellgrau, Rot, Orange, Dunkelgrün, Olive, Hellgelb, Dunkelgelb, Lila, Hellblau, Hellbraun, Rosa, Schwarz
Farbverlaufkarton in Blau, Gelb-Orange, Pink-Violett
Bastelfarbe in Weiß
Holzbuntstift in Rot
Filzstift in Schwarz, Hellblau
Decorlack-Liner in Weiß
dünne Goldkordel, ca. 20 cm lang

So wird's gemacht

Schneiden Sie alle Einzelteile in den entsprechenden Farben aus. Der Farbverlaufkarton ist nur für die Kerzen und Weihnachtskugeln. Dieses Bild besteht aus vier großen Teilen, die Sie nacheinander fertigstellen: Rentier mit Teig, Bär mit Backblech, Apfel und Kerze sowie der hängende Zweig mit der Kugel. Beachten Sie beim Rentier: Gesicht aufmalen (siehe Anleitung Bär), dann die Mütze aufkleben, anschließend die Geweihteile von hinten ankleben. Die Schürze wird auf den Bauch geklebt, erst dann der Kopf befestigt.
Beim Bär zuerst das Gesicht gestalten. Das zarte Wangenrot erzielen Sie mit Holzbuntstift, dessen Farbe mit dem Finger verwischt wird. Die Augen werden mit weißer Bastelfarbe gemalt. Die Ränder ziehen Sie mit schwarzem Filzstift, ebenso die Pupillen, Wimpern und den Mund. Die Arme werden am Körper des Bären befestigt; unter die rechte Pfote schieben Sie das Backblech mit den Plätzchen. Die Teigplatte mit der Ausstechform schieben Sie leicht unter die linke Pfote.
Sie fügen dann die dritte Gruppe aus Apfel und Kerze zusammen und hinterkleben die drei Teile mit den Wolken. Die Wolken heben sich voneinander ab, wenn Sie die Ränder mit hellblauem Filzstift nachziehen.
Sie brauchen nun nur noch den hängenden Zweig mit Kerze, Kugel und Sternen zu gestalten und ein paar Nüsse locker im Bild zu verteilen, dann ist Ihre Weihnachtsbäckerei komplett.

Verwendete Vorlagen: A10, A32, A41, A43, B5, B9, B17–B21, B24, B26–B29, C1, C2, C4, C6

14

Adventsteller

Dieser Teller ist ein verlockender Anblick und eine stimmungsvolle Dekoration für Wohnung und Fenster.

Das wird gebraucht

Tonkarton in Gelb, Hellgelb, Braun, Hellbraun, Orange, Dunkelgrün, Tannengrün, Lila, Rot, Rosa, Hellblau, Dunkelblau, Schwarz
Farbverlaufkarton in Rot-Orange, Gelb-Grün
Filzstift in Braun, Schwarz
Decorlack-Liner in Weiß, Rosa
Goldkordel, ca. 24 cm lang

So wird's gemacht

Zuerst schneiden Sie die benötigten Einzelteile aus.
Die appetitlichen Äpfel sehen aus Farbverlaufkarton in Rot-Orangetönen besonders plastisch aus. Den großen Tannenzweig brauchen Sie dreimal, den kleinen viermal. Bevor Sie die Bestandteile in der Schale anordnen, dekorieren Sie die Kekse mit Verzierungen und Glanzpunkten (Decorlack-Liner). Die Stielansätze der Äpfel können Sie dunkel schraffieren; mit Glanzpunkten auf den rechten Hälften wirken die Früchte frisch und knackig. Die Linien der Nüsse ziehen Sie mit braunem Filzstift nach. Nun können Sie den Adventsteller füllen, indem Sie im Vordergrund die Nüsse und Kekse, im Hintergrund das Tannengrün mit der Kerze arrangieren. Die Vögel basteln Sie aus gelbgrünem Farbverlaufkarton bzw. anderem Tonpapier Ihrer Wahl. Falls der Farbverlaufkarton dünn ist, sollten Sie die Figur mit dunklerem Tonpapier hinterkleben, um ein Durchscheinen am Fenster zu verhindern. Die Pakete der Vögel schneiden Sie in der Größe 3,5 mal 3,5 cm aus. Mit einer Schleife versehen, werden sie den Vögeln an einer 8 cm langen Goldkordel in den Schnabel geklebt.

Verwendete Vorlagen:
A38, A39, B3, B5, B7, B26, B31, B32, C1–C3, C5

16

Glocken und Schleifen

Mit lieblichem Schall wird die Adventszeit eingeläutet. Prächtig und stilvoll präsentiert sich dieser Bogen aus Fichtenzweigen.

Das wird gebraucht

Tonkarton in Grün, Dunkelgrün, Olive, Pink, Dunkelbraun
Goldfolie (möglichst in zwei verschiedenen Goldtönen)
Bastelfarbe in Dunkelviolett, Weiß, Schwarz

So wird's gemacht

Schneiden Sie für den Zweigebogen je nach gewünschter Breite ca. 20 Zweige aus Tonkarton in drei verschiedenen Grüntönen aus. Legen Sie die Zweige vor dem Kleben erst locker zusammen. Der Bogen besteht aus einem linken und einem rechten Teil. Montieren Sie beide Teile getrennt voneinander, und fügen Sie die Stücke erst nach dem Trocknen zusammen. Bemalen Sie nun die drei Schleifen mit weißen Glanzlichtern und violetten Konturen und Sprenkeln.
Für jede Glocke schneiden Sie drei Teile aus: die ganze Glockenform aus Goldfolie, das Glockeninnere aus dunkelbraunem Karton und den Klöppel wiederum aus Goldfolie.
Kleben Sie die Teile zusammen, und bemalen Sie die Glocken mit Konturen und Lichtern. Bitte beachten Sie, daß die Bastelfarbe auf der Folie eine längere Trocknungszeit als auf Karton braucht. Die Schleifen ordnen Sie nun auf dem Zweigebogen an, und die Glocken montieren Sie dahinter. Das Fensterbild bekommt eine größere Stabilität, wenn sich Schleifen und Glocken an einigen Punkten berühren.

Verwendete Vorlagen: C1, C9, C10

Advent – die vierte Kerze brennt

An jedem Adventssonntag zündet bei diesem Bild ein Engelchen eine Kerze an.

Das wird gebraucht

Tonkarton in Weiß, Hellrot, Dunkelrot, Tomatenrot, Tannengrün, Orange, Dunkelblau, Dunkellila, Hellila, Hellgelb, Hautfarben
Regenbogen-Wellkarton in Orange-Gelb
Holografiefolie
Bastelfarbe in Weiß, Schwarz
Decorlack-Liner in Weiß, Gelb, Rosa
Sternenstanze
Klebstoff ohne Lösungsmittel

So wird's gemacht

Schneiden Sie alle benötigten Einzelteile aus. Für den buschigen Adventskranz brauchen Sie die große Zweigvorlage viermal und die kleine vier- bis sechsmal. Anhand der Zeichnung rechts können Sie erkennen, wie Sie die Zweige am besten anordnen. Nach der Montage der Zweige verteilen Sie die Kugeln und Sterne auf und hinter dem Kranz. Die selbstklebende Holografiefolie wird zunächst auf weißen Tonkarton aufgezogen, und dann werden die Sterne ausgeschnitten.

Die Kerzen mit den Flammen aus Regenbogen-Wellkarton befestigen Sie hinter den Zweigen. Nun basteln Sie noch den Engel, betupfen sein Kleid mit gelbem Decorlack-Liner und geben ihm ein Streichholz in die Hand. Das Stirnband wird mit ausgestanzten Sternen geschmückt. Der Bär mit der üppigen Schleife vervollständigt die weihnachtliche Szene.

Verwendete Vorlagen: A2, A3, A15, A17, A18, A20, A22, A23, A31, A42, B6, B8, B9, C1–C3, C5

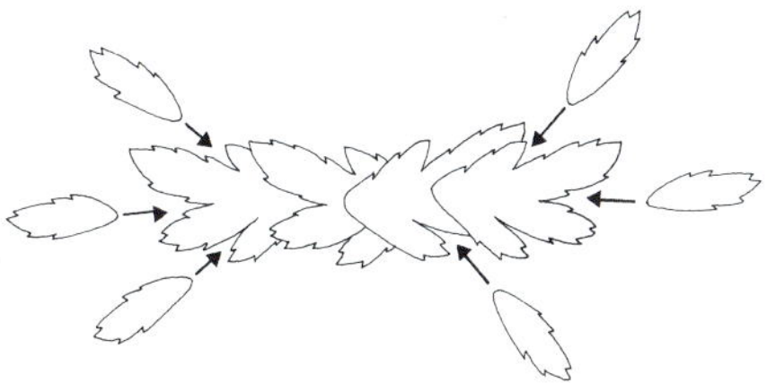

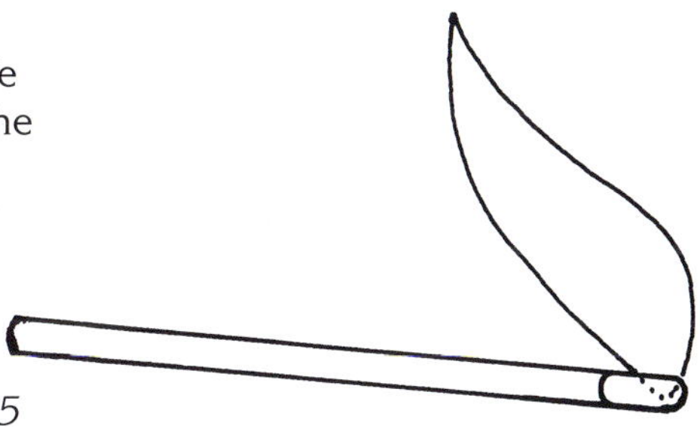

Der ideale Christbaum

Die Fichte, die von den drei Bärchen heimgeschleppt wird, ist wirklich ein Prachtstück! Und die freundliche Gans will auf keinen Fall das Aufstellen verpassen.

Das wird gebraucht

Tonkarton in Dunkelgrün, Beige, Hellbraun, Dunkelbraun, Orange, Rot, Hellblau, Hellgelb, Gelb, Weiß, Eierschalenweiß
Bastelfarbe in Weiß
Filzstift in Schwarz

So wird's gemacht

Wenn Sie so viele Bären und Sterne ausschneiden müssen, dann lohnt sich zur Arbeitserleichterung die Herstellung von Schablonen. Wenn Sie alle Einzelteile vor sich liegen haben, können Sie nach dem Bemalen mit dem Zusammenkleben beginnen. Lassen Sie bei den Bären vorerst noch den hinteren nach oben zeigenden Arm weg. Der wird erst zum Schluß befestigt. Die Gans ist aus zwei verschiedenen Weißtönen hergestellt. Die fertigen Bären montieren Sie auf den liegenden Baum. Dann kleben Sie die noch fehlenden Arme auf der Rückseite an. Dekorieren Sie den Himmel mit Sternchen in verschiedenen Gelbtönen.

Verwendete Vorlagen:
A22, A30–A32, A42, B35

Mitten in den Vorbereitungen

Mit etwas Teamgeist geht auch das Dekorieren besser und macht obendrein noch richtig Spaß, wie man an den fröhlichen Gesichtern erkennen kann.

Das wird gebraucht

Tonkarton in Weiß, Hautfarben, Rot, Grau, Dunkelblau, Hellblau, Lila, Hellgelb, Dunkelgelb, Orange, Schwarz
Regenbogen-Tonkarton
Regenbogen-Wellkarton
Holografiefolie
Bastelfarbe in Weiß
Filzstift in Schwarz
Decorlack-Liner in Rosa
Goldkordel, ca. 50 cm lang
Sternenstanze
Klebstoff ohne Lösungsmittel

So wird's gemacht

Zunächst schneiden Sie alle erforderlichen Einzelteile aus. Berechnen Sie die doppelte Anzahl der Sterne, denn die Sternenkette wird stabiler, wenn die Kordel jeweils zwischen zwei Sternen befestigt wird. Montieren Sie dann die drei Figuren und den Esel. Das Karomuster der Nikolaushose wurde mit schwarzem Filzstift gezogen.
Der Esel sollte fertiggestellt sein, bevor Sie den Nikolaus darauf stellen. Geben Sie dem Eselchen eine geneigte Kopfhaltung mit Blick auf die Geschenke. Die Figuren lassen sich durch das bewegliche Gliederprinzip nach Ihren Vorstellungen ganz unterschiedlich montieren.
Für die Geschenke gibt es keine Vorlage, schneiden Sie einfach Quadrate und Rechtecke mit Kantenlängen von 4 bis 8 cm aus, und bekleben Sie diese mit Sternen und Schleifen. Stellen Sie dann eine ausreichend lange Sternenkette her (ca. 50 cm) – aus verschiedenen Papiersorten (Regenbogen-Tonkarton, Regenbogen-Wellkarton und Holografiefolie) wirkt sie besonders lebhaft. Vor der endgültigen Montage überprüfen Sie den Fall der Kette; außerdem müssen der Esel und die Geschenke auf einer Linie stehen.

Verwendete Vorlagen:
A1, A2, A4, A5, A6a, A6b, A10, A15–20, A23, A31, A32, A38, A39, B1, B11–B13

Der Baum wird geputzt

Die Kätzchen schmücken ihren Weihnachtsbaum ganz traditionell mit roten Kugeln und Sternen. Da möchten sogar die scheuen Vögelchen mithelfen.

Das wird gebraucht

Tonkarton in Dunkelblau, Mittelblau, Hellblau, Weiß, Eierschalenweiß, Hellgrau, Hellgelb, Gelb, Orange, Dunkelorange, Rot, Pink, Türkis, Hellgrün, Dunkelgrün
Holografiefolie oder -papier
Bastelfarbe in Weiß, Schwarz, Hautfarben, Rot
Klebstoff ohne Lösungsmittel

So wird's gemacht

Schneiden Sie erst die Bäume mit allen Schneeflecken aus, und kleben Sie das Geäst zusammen. Der dunkelblaue Baum ist etwas kleiner, weil das unterste Teilstück fehlt.
Schneiden Sie dann die Einzelteile der fünf Vögel aus, und kleben Sie diese zusammen. Variieren Sie die Stellungen der Flügel, Schwänze, Köpfe und Schnäbel. Sie bringen so auf einfache Weise Dynamik in Ihr Fensterbild.
Nun sind die Kätzchen dran. Schneiden Sie alle Einzelteile aus, und bemalen Sie Gesichter und Körper. Legen Sie die Teile erst locker zusammen, dann sehen Sie, welche Körperhaltung ideal ist.
Jetzt können Sie mit dem Kleben beginnen. Dekorieren Sie den Baum mit Kugeln, denen Sie Glanzlichter aufgemalt haben, und den Sternen. Verwenden Sie für das Holografiepapier nur Klebstoff ohne Lösungsmittel. Das Lösungsmittel vom Alleskleber zerstört das Holografiemuster. Arrangieren Sie die fertigen Einzelteile zu einem ansprechenden Bild, und kleben Sie alles zusammen. Zum Schluß können Sie noch ein paar Sterne und Kugeln verteilen.

Verwendete Vorlagen: A10, A30–A32, A34, A35, B31, B32

Fensterdekoration mit Nußknacker

Unserem stattlichen Nußknacker ist keine Schale zu hart und kein Weihnachten zu lang. Mit dem richtigen Beiwerk ist er eine Augenweide fürs Fenster.

So wird's gemacht

Schneiden Sie die erforderlichen Einzelteile aus, wobei die Farbgebung vor allem für den Nußknacker sehr variabel ist. Man kann hier gut kleine Tonkartonreste verwenden. Vor dem Zusammenkleben malen Sie die Lichter mit Decorlack-Liner auf.
Die Weihnachtssterne stellen Sie in unterschiedlichen Rottönen her. Den Mittelpunkt malen Sie mit hellgrünem Buntstift aus und setzen mit Decorlack gelbe Punkte hinein.
Sie brauchen für eine lockere Gestaltung noch einige einzelne rote Blätter.
Nun zum Nußknacker: Die Grundform wird einmal aus Tonkarton (hier lila) ausgeschnitten. Die Einzelformen wie Gesicht, Mütze, Schulterklappen, Zähne mit Bart, Handschuhe usw. werden auf der Grundform montiert. Das Gesicht mit Schnurrbart vor dem Festkleben anmalen.
Zähne und Bart werden nach dem Gesicht angefügt.
Die Ornamente auf den Schößchen sind mit dem Pinsel gemalt; es kann auch darauf verzichtet werden.
Wenn die Figur komplett montiert ist, setzen Sie nach Belieben mit weißer Farbe kleine Lichtpunkte und Lichtkanten. Sie sind auf jeden Fall das Tüpfelchen auf dem I und bringen Ihren Nußknacker zum Glänzen.
Der Nußknacker kann auch anderen Fensterbildern, z. B. dem »Adventsteller« auf Seite 14 oder dem »Stimmungsvollen Tannengrün« auf Seite 12, als Ergänzung dienen.

Verwendete Vorlagen: A31, A32, B5, B8, B9, C1, C2, D1, D2

Das wird gebraucht

Tonkarton in Grün, Hellgrün, Hellgelb, Dunkelrot, Rot, Zinnoberrot, Lila, Dunkelblau, Hell-braun, Türkis, Weiß, Hautfarben

Farbverlaufkarton in Gelb-Orange, Blau-Violett
Bastelfarbe in Weiß, Blau
Holzbuntstift in Hellgrün
Filzstift in Schwarz, Dunkelrot
Decorlack-Liner in Rot, Schwarz, Weiß, Rosa, Gelb (alternativ Bastelfarbe)

Lustige Schneeballschlacht

Einen tollen Schneebären haben die drei Bärchen da gebaut! Er ist groß genug, um hinter ihm in Deckung zu gehen, wenn die Schneeballschlacht beginnt.

Das wird gebraucht

Tonkarton in Hellbraun, Dunkelbraun, Weiß, Dunkelgrün, Rot, Orange, Hellblau
Bastelfarbe in Schwarz, Weiß, Hellbraun, Dunkelbraun, Hellblau und Cutter

So wird's gemacht

Schneiden Sie die Einzelteile des Fensterbildes in den erforderlichen Farben aus, und legen Sie die Figuren und den Baum erst locker zusammen. Für das Bärchen hinter dem Schneebären brauchen Sie natürlich keine Beine auszuschneiden, denn die sieht man ja nicht. Als Vorlage für die Schneebälle dient die Bommel der Zipfelmütze. Bemalen Sie die Körper, Gesichter, Tatzen und den Schneebären mit Konturen in den links im Kasten angegebenen Farben. Nun kleben Sie erst jede Figur separat und dann das ganze Bild zusammen. In die Krempe der Zipfelmütze ziehen Sie mit dem Cutter mittig einen ca. 5 cm langen Schnitt. Durch ihn stecken Sie das Bärenohr.

Verwendete Vorlagen:
A10, A30, A36, A42, A43

Rentier im Paket

Werden hier etwa Rentiere verschickt – oder wird die Kiste nur als Versteck vor dem Nikolaus benützt?

Das wird gebraucht

Tonkarton in Weiß, Lila, Gelb, Rot, Grün
Bastelfarbe in Weiß, Schwarz
evtl. Stern aus Holografiefolie sowie Geschenkband zum Verzieren

So wird's gemacht

Dieses lustige Bild ist schnell hergestellt. Schneiden Sie die erforderlichen Teile aus, und legen Sie das Bild provisorisch zusammen. Das Geweih wird hinter dem Kopf befestigt und wiederum dahinter das Schneehäubchen. Für die Kiste schneiden Sie ein Rechteck in der Größe 23 mal 16 cm aus und verzieren diese mit 1 cm breiten roten Längsstreifen.
Das Bein mit Huf wird an der Hilfslinie eingeschnitten und auf die Kiste gesteckt. Dahinter befestigen Sie den Körper. Montieren Sie anschließend den Kopf in geneigter Haltung auf den Körper. Wir haben für dieses Bild kleine Schneeflocken aus Tonpapier zugeschnitten, Sie können hierfür aber genausogut Fensterkreide verwenden.

Verwendete Vorlagen:
A32, B19, B22–B24, B25a–c

Sockenparade

Wer hätte gedacht, daß sich in den Socken am Kamin solche lustigen Gestalten einfinden?

Das wird gebraucht

Tonkarton in Hautfarben, Rot, Dunkelrot, Hellbraun, Dunkelbraun, Weiß, Hellblau, Mittelblau, Dunkelblau, Hellgrün, Mittelgrün, Olive, Orange, Violett, Rosa, Pink, Gelb
Farbverlaufkarton in Rot, Orange, Grün, Gelb
Regenbogen-Tonkarton
Holografiepapier oder -folie
Bastelfarbe in Hautfarben, Schwarz, Weiß, Rot
Holzbuntstift in Rot
Cutter oder Skalpell
Klebstoff ohne Lösungsmittel

So wird's gemacht

Da dieses Fensterbild aus sehr vielen Teilen besteht, ist es eine echte Fleißarbeit. Schneiden Sie zunächst alle Einzelteile aus den passenden Farben aus. Dann montieren Sie die Socken mit den jeweiligen Verzierungen zusammen, und bemalen diese nach Bedarf.
Wenn alles getrocknet ist, schneiden Sie mit einem Cutter oder Skalpell die Linie im oberen Sockenteil ein. Setzen Sie nun die Figuren zusammen – zunächst aber noch ohne Gliedmaßen und Flügel. Malen Sie die Gesichter auf. Die roten Bäckchen beim Engel erzeugen Sie durch leicht aufgetragenen roten Holzbuntstift, dessen Farbe Sie noch mit einem sauberen Finger verwischen können. Stecken Sie die fertigen Köpfe in die eingeschnittenen Schlitze, und kleben Sie erst dann die Arme und Flügel in der gewünschten Position auf. Bitte verwenden Sie für das Holografiepapier (bzw. die Holografiefolie) stets Klebstoff ohne Lösungsmittel. Das zarte Muster löst sich sonst auf.
Zum Schluß fixieren Sie auf jeder Socke oben in das aufgemalte Loch einen Nagel aus Tonkarton. Jetzt ist das Meisterwerk schon fertig.

Verwendete Vorlagen:
A1, A2, A4, A6a, A6b, A10, A17, A18, A23, A34, A36, A42, B5, B6, B19, B23, B24, B33

Kerzenglanz

Viele Lichter erstrahlen in der Adventszeit und kündigen das Weihnachtsfest an. Besonders üppig ist dieses festliche Gesteck.

Das wird gebraucht

Tonkarton in Gelb, Orange, Rot, Dunkelrot, Grün, Dunkelgrün, Olive
Transparentpapier in Gelb, Orange
Goldfolie
Cutter

So wird's gemacht

Für das Gesteck benötigen Sie ungefähr 15 Tonkartonzweige aus drei verschiedenen Grüntönen. Am besten schneiden Sie sich eine Schablone zu, dann haben Sie die Zweige im Nu aufgezeichnet. Vielleicht finden Sie zum Ausschneiden ja noch einen willigen Helfer.
Sie benötigen weiterhin fünf dicke Kerzen mit passender Flamme und vier dünne Kerzen mit Flamme. Natürlich können Sie das Gesteck je nach Laune erweitern oder verkleinern. Das bleibt Ihrer Phantasie und der Größe Ihres Fensters überlassen. Die innere Form der Flammen schneiden Sie am besten mit einem Cutter aus. Die gesamte Flamme hinterkleben Sie mit Transparentpapier: Tonkarton und Transparentpapier, beides orangefarben, und gelben Tonkarton mit gelbem Transparentpapier.
Arrangieren Sie nun aus den Zweigen ein Gesteck. Lassen Sie zwei bis drei Zweige übrig, die Sie später hinter die Kerzen kleben können. Hinter das Gesteck montieren Sie nun die Kerzen mit den Flammen. Die Länge der Kerzen bestimmen wiederum Sie. Wenn Ihr Arrangement gut getrocknet ist, können Sie noch die übrigen Zweige hinter die Kerzen kleben. Das verleiht dem Bild zusätzliche Räumlichkeit. Die goldenen Sterne fixieren Sie in gewünschter Anzahl und Größe auf Ihrem Gesteck.

Verwendete Vorlagen:
A31, A32, C1, C3–C6

Schmunzelengel-Girlande

Diese Engel sorgen gleich in dreifacher Form für festliche Stimmung.

Das wird gebraucht

Tonkarton in Weiß, Hautfarben, Gelb, Violett
Regenbogen-Tonkarton
Japanpapier in Orange
Bastelfarbe in Weiß, Schwarz
Pinsel
Filzstift in Schwarz
Decorlack-Liner in Rosa
feine Goldkordel (Länge ist abhängig von der Anzahl der Engel)
Klebeband

So wird's gemacht

Zuerst kleben Sie das Japanpapier auf weißen Tonkarton und lassen es gut trocknen. Anschließend schneiden Sie die Kleider aus und stellen alle anderen benötigten Einzelteile her.

Gruppieren Sie die Figuren zusammen, und schneiden Sie die Sterne aus Regenbogen-Tonkarton aus. Spannen Sie die Goldkordel (oder einen anderen stabilen Faden) auf Ihrem Arbeitstisch. Am besten kleben Sie den Faden an beiden Enden mit einem Klebestreifen auf die Unterlage. Bringen Sie auf der Rückseite der Figuren und Sterne ungefähr auf der Mittellinie von oben nach unten einen Klebestreifen an, und positionieren Sie die Teile unter dem Faden. Achten Sie dabei möglichst auf gleichmäßige Abstände. Nun lassen Sie das Fensterbild trocknen und hängen es schließlich an den auserwählten Platz.

Verwendete Vorlagen: A1, A6b, A6c, A13, A21, A23, A31, A32

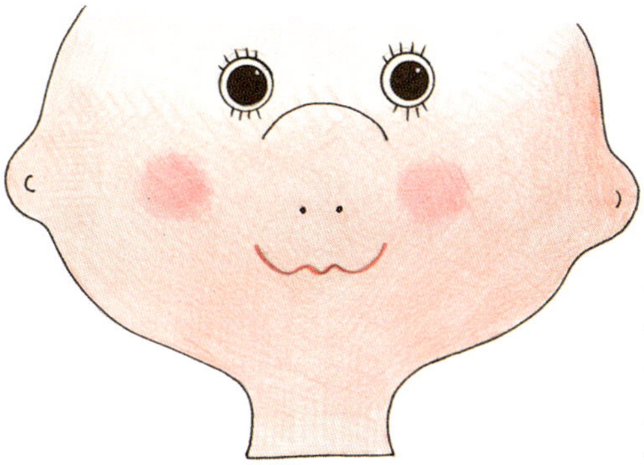

Dieses Gesicht können Sie als Vorlage verwenden, wenn Sie auf das Doppelte vergrößern (Kopierereinstellung 200 %).

Auf dem schnellsten Wege

Wenn sich der Nikolaus einmal verspätet, dann muß er sich etwas einfallen lassen, wie er schnellstens auf die Erde kommt.

Das wird gebraucht

Tonkarton in Rot, Weiß, Eierschalenweiß, Orange, Violett, Schwarz, Hautfarben, Hellrosa, Hellblau, Hellgelb, Gelb
Regenbogen-Transparentpapier
Bastelfarbe in Weiß, Schwarz, Rot
Holzbuntstift in Rot
Bleistift
Radiergummi
Cutter

So wird's gemacht

Alle Einzelteile werden in den erforderlichen Farben ausgeschnitten und zunächst locker zusammengelegt. Bemalen Sie die Gesichter. Rote Bäckchen und Nasen tragen Sie mit Buntstift leicht auf und verwischen die Stelle dann mit einem sauberen Finger.
Schneiden Sie den Innenstern der Sternschnuppe mit einem Cutter aus Regenbogen-Transparentpapier, und hinterkleben Sie das Loch mit diesem Teil.
Kleben Sie dann die Einzelteile des Fensterbildes zusammen. Machen Sie sich mit dem Bleistift kleine Markierungen, damit das geklebte Ergebnis auch so aussieht wie das zuvor gelegte. Die Markierungen können Sie ja hinterher leicht wieder wegradieren.
Da das Fensterbild aus den zwei Hauptteilen »Wolke mit Engeln« und »Sternschnuppe mit Nikolaus« besteht, können Sie es als Quer- oder Hochformat oder die Teile sogar getrennt voneinander aufhängen.

Verwendete Vorlagen:
A1, A2, A4, A6a, A6b, A10, A13, A16–A18, A20, A23, A40, C7, C8

Ponyweihnachten

Paß auf, kleines Pony! Die Überraschung ist ganz allein für Dich!

Das wird gebraucht

Tonkarton in Weiß, Dunkelolive, Hellolive, Orange, Pink, Hellgelb, Hautfarben
Farbverlaufkarton oder Farbverlaufpapier in Blau, Grau, Grün- und Gelbtönen
Holografiefolie
Geschenkpapierreste
Bastelfarbe in Weiß
Holzbuntstift in Rot, Hellblau
Bleistift
Filzstift in Schwarz, Braun
Decorlack-Liner in Weiß, Blau
Klebstoff ohne Lösungsmittel

So wird's gemacht

Alle Einzelteile werden in den vorgesehenen Farben ausgeschnitten. Falls Sie eine selbstklebende Holografiefolie haben, ziehen Sie diese vorher auf weißen Tonkarton auf. Dann die Formen für den Christbaum und die Sterne ausschneiden.
Die Gesichter von Pony und Engel zeichnen Sie mit Bleistift vor und ziehen die Linien dann mit schwarzem Filzstift nach. Die Wangen röten Sie mit Buntstift und verwischen anschließend die Farbe mit dem Finger. Die Flecken des Ponys sind mit Bleistift schraffiert und verwischt. Das Fell können Sie zusätzlich mit schwarzem Filzstift stricheln. Für die Mähne wurde Farbverlaufpapier in Grau verwendet; alternativ können Sie auch auf grauen oder braunen Tonkarton ausweichen.
Die Schneeflecken der Tannen haben hellblaue Schatten; so wirken sie plastischer (Verwischtechnik). Verteilen Sie die Karotten gleichmäßig auf dem Holografie-Tannenbaum, und kleben Sie die einzelnen Stücke fest.
Für den Stern auf der Spitze wurde der achtzackige Stern des Vorlagenbogens zweimal ausgeschnitten und versetzt zusammengeklebt.
Wenn Sie den Engel fertig gebastelt haben, bekommt er noch ein Geschenk in die Hände; deswegen die vordere Hand nicht am Körper festkleben.
Für die Geschenke gibt es keine Schablone. Schneiden Sie Rechtecke mit einer Kantenlänge von 5 bis 7 cm aus. Es sieht hübsch aus, wenn Sie die Päckchen aus Geschenkpapierresten ausschneiden oder den Tonkarton mit Punkten (Decorlack-Liner) verzieren. Wenn Sie Ihr Fensterbild anbringen, kleben Sie das Pony, den Weihnachtsbaum und den Engel auf eine gedachte Linie.

Verwendete Vorlagen:
A1, A6b, A6c, A15–A18, A21, A23, A30–A32, A38, B1, B15, B37

Das Christkind kommt

Ein letztes Geschenk hat das Christkind noch.
Mit seinem Rentierwagen bringt es auch dieses rechtzeitig zu den braven Kindern.

Das wird gebraucht

Tonkarton in Hellgelb, Hautfarben, Hellblau, Dunkelblau, Pink, Hellviolett, Apricot, Weiß
Regenbogen-Wellkarton
Holografiefolie oder -papier
Bastelfarbe in Weiß, Schwarz, Hellblau, Dunkelbraun
Holzbuntstift in Rot
Filzstift in Pink
dicke blaue Kordel, ca. 50 cm lang
Skalpell oder Cutter
Klebstoff ohne Lösungsmittel

So wird's gemacht

Schneiden Sie zunächst alle für das Fensterbild benötigten Einzelteile aus, und legen Sie die Stücke locker zusammen.
Die beiden Teile aus dem Regenbogen-Wellkarton schneiden Sie am besten mit einem spitzen Skalpell aus, dann werden die Wellen nicht so zusammengedrückt.
Malen Sie nun die Gesichter und Konturen auf. Auf das Gewand des Christkindes kleben Sie vor dem Zusammenfügen die Holografie-Sternchen.
Montieren Sie zunächst das Christkind mit Wagen, dann das Rentier mit Geschirr. Lassen Sie die großen Sterne noch weg – die kommen erst später. Kleben Sie die zwei Wolken zusammen, und fixieren Sie das Christkind mit Wagen darauf. Im Abstand von ca. 10 cm kleben Sie dann das Rentier auf die Wolken. Achten Sie darauf, daß das Rad des Wagens und die Füße des Rentieres auf einer Linie sind.
Schneiden Sie nun am Wagen die markierte Stelle für die Zügel ein. Am Rentier befestigen Sie den vorderen Zügel mit Klebstoff unter einem großen Stern. Nun kleben Sie auch den anderen Stern fest. Am Wagen fädeln Sie den Zügel durch die eingeschnittene Stelle und machen einen Knoten am Ende, damit er nicht wieder herausrutscht. Der hintere Zügel wird einfach an der Rückseite von Christkind und Rentier aufgeklebt. Gut trocknen lassen!

Verwendete Vorlagen:
A2, A3, A15, A17, A18, A20, A22, A23, A31, A32, A38, A41, B14, B24, B34, C11, C12

Bärenengel in den Wolken

Eine zarte Melodie erklingt – hoffentlich fällt Engel Goldi nicht vor Entzücken aus allen Wolken!

Das wird gebraucht

Tonkarton in Weiß, Türkis, Goldgelb, Hellblau, Gelb, Hellgrün
Regenbogen-Tonkarton in Grün-Blau und Blau-Lila (Rest)
Bastelfarbe in Weiß
Filzstift in Schwarz
Decorlack-Liner in Rosa

So wird's gemacht

Schneiden Sie alle Bildteile in den erforderlichen Farben aus. Zuerst setzen Sie die beiden Bären zusammen. Malen Sie die Gesichter mit Bastelfarbe und Filzstift auf. Die Nasen bekommen Lichtreflexe. Den seligen Gesichtsausdruck des gelben Bären erreichen Sie, wenn Sie die Nase etwas nach oben verschieben – so entsteht der Eindruck, als sei der Kopf nach hinten geneigt. Die halbgeschlossenen Augen deuten Sie durch zwei leicht gebogene Striche an, die sich nicht zu hoch über der Nase befinden sollten. Die Arme werden beim gelben Bären erst nach dem Schal befestigt.
Bei dem anderen Bären halten Sie sich an diese Reihenfolge: zuerst der linke Arm, dann folgt der Schal, dann die Violine und zum Schluß der rechte Arm. Kleben Sie dann jeweils einen Bären hinter eine Wolke, und fügen Sie die dritte Wolke im Hintergrund an.

Verwendete Vorlagen:
A22, A23, A41, A43, D4, D5

40

Die Hirten auf dem Felde

41

Staunend und ängstlich betrachten die Hirten den hellen Stern am Nachthimmel. Das muß ein besonderes Zeichen sein.

Das wird gebraucht

Tonkarton in Schwarz, Hellgrau, Hellviolett, Hellbraun, Dunkelbraun, Blau, Olive, Dunkelrot
Regenbogen-Transparentpapier (50 x 70 cm)
Holografiefolie oder -papier
Bastelfarbe in Schwarz, Weiß, Rot
Klebstoff ohne Lösungsmittel

So wird's gemacht

Schneiden Sie zuerst den schwarzen Bogen aus Tonkarton aus. Kleben Sie ihn unten an den schwarzen Bodenstreifen. Für diesen Boden finden Sie keine Vorlage auf dem Vorlagenbogen. Schneiden Sie einen Streifen, 5 cm breit und 65 cm lang, zu (lieber noch etwas länger – Überstehendes schneiden Sie einfach ab). Hinterkleben Sie den so entstandenen schwarzen Rahmen mit Regenbogen-Transparentpapier. Überstehendes Papier nach dem Trocknen abschneiden. Schneiden Sie nun die Einzelteile der Hirten und Schafe aus, bemalen Sie die Gesichter, und fügen Sie alle Figuren nacheinander zusammen. Ordnen Sie Schafe und Hirten in dem Rahmen an, und befestigen Sie die Stücke. Sollte der aus Holografiefolie ausgeschnittene Stern zu dünn sein, kleben Sie ihn zusätzlich auf schwarzen Tonkarton auf. Verwenden Sie hierfür ausschließlich Klebstoff ohne Lösungsmittel! Den fertigen Stern befestigen Sie nun oberhalb der staunenden Hirten.

Verwendete Vorlagen:
A2, A24–A29, C8, D3, D7–D9

42

Wo sind die Rentiere?

Schrecklich, diese immer zu Späßen aufgelegten Rentiere! Schon wieder haben sie sich im Wald versteckt. Und das ausgerechnet heute, wo es der Nikolaus doch so eilig hat.

Das wird gebraucht

Tonkarton in Dunkelbraun, Hellbraun, Rot, Weiß, Eierschalenweiß, Hautfarben, Dunkelgrün, Olive
Bastelfarbe in Schwarz, Weiß
Pinsel
Holzbuntstift in Rot

So wird's gemacht

Schneiden Sie zuerst die Teile für die Bäume zu. Mit den vielen Schneeflecken werden Sie wohl eine Weile beschäftigt sein. Vielleicht hilft Ihnen ja jemand beim Zuschneiden?
Setzen Sie die Bäume aus den Einzelteilen zusammen, und montieren Sie aus den drei großen einen dichten Wald.
Die bemalten und mit Nasen und Geweih beklebten Rentiere befestigen Sie hinter diesem Wald.
Nun folgt der Nikolaus.
Bemalen Sie zuerst das Gesicht. Die rote Nase tragen Sie leicht mit Holzbuntstift auf und verwischen dann die Stelle mit einem sauberen Finger. Nun können Sie Ihren Nikolaus aus den Einzelteilen zusammenfügen. Montieren Sie ihn und den Sack vor die drei großen Tannen. Die kleinen Bäume können Sie nach Belieben verteilen.

Verwendete Vorlagen:
A1, A9, A10, A12, A13, A17, A18, A21, A22, A30, B24, B34, C7

Der Nikolaus besucht ein kleines Dorf

Der Nikolaus beschenkt jedes Kind – ganz gleich, wie abgelegen es auch wohnen mag.
Und sein treues Pony hilft ihm dabei.

Das wird gebraucht

Tonkarton in Dunkelgrün, Hellgrün, Weiß, Dunkelgelb, Hellgelb, Rot, Hautfarben, Hellblau, Rosa, Dunkelblau, Orange
Japanpapier in Braun
Goldfolie, Filzstift in Hellblau
Decorlack-Liner in Weiß
Wollschnur, ca. 20 cm lang
Sternenstanze

So wird's gemacht

Nachdem alles ausgeschnitten vor Ihnen liegt, fassen Sie die Einzelteile erst einmal in Gruppen zusammen. Wenn Sie das Pony in Angriff nehmen, muß das Japanpapier zunächst auf festeren Tonkarton aufgezogen werden. Zeichnen Sie erst das Gesicht ein, und kleben Sie dann die Mähne an. Verzieren Sie sie mit kleinen Goldsternchen aus der Sternenstanze. Legen Sie dem Pony Halfter und Geschirr an, und bestücken Sie es zusätzlich mit dem Sack und dem Weihnachtsbäumchen.
Wenn Sie den Nikolaus fertiggestellt haben, geben Sie ihm ein Stück Wollschnur in die Hand, die Sie mit dem Halfter verbinden. Arrangieren Sie ein Dorf aus Tannenbäumchen und Häusern. Damit sich die Schneeflächen voneinander abheben, ziehen Sie mit hellblauem Filzstift die Konturen nach. Der große dunkelgrüne Baum wird mit Sternen und Kugeln (= Vorlage für Mützenbommel) auf Hochglanz gebracht.

Verwendete Vorlagen:
A2, A4, A10, A13, A14, A17, A18, A20, A30–A32, B1, B2, B8, B10, B13, B14, B16a–c

Die Engelchen bringen Geschenke

Voll beladen ist der Schlitten der beiden Engelchen. Fröhlich teilen sie sich die Arbeit: Eines paßt auf, das andere zieht.

Das wird gebraucht

Tonkarton in Hautfarben, Weiß, Hellblau, Violett, Hellgelb, Dunkelblau und viele bunte Tonkartonreste
Holografiefolie
Sternchenfolie in Violett
Bastelfarbe in Schwarz, Weiß, Rot
Holzbuntstift in Rot
graue Kordel, ca. 30 cm lang
Klebstoff ohne Lösungsmittel

So wird's gemacht

Schneiden Sie alle Einzelteile für die Engelchen und den Schlitten aus. Für die Päckchen verwenden Sie Tonkartonreste in vielen verschiedenen Farben. Je bunter, desto schöner. Für die Päckchenschleifen finden Sie eine Vorlage auf Bogen A. Bemalen Sie die Gesichter der Engelchen nach der hier abgebildeten Vorlage. Die roten Bäckchen tragen Sie zart mit Holzbuntstift auf, dessen Farbe Sie noch leicht verwischen können.

Legen Sie die Einzelteile der Figuren erst locker zusammen, und wenn Sie mit der Körperhaltung der Engel zufrieden sind, kleben Sie die Teile zusammen. Aber Achtung: Verwenden Sie zum Kleben der Holografiefolie keinen lösungsmittelhaltigen Klebstoff. Er zersetzt das Muster der Folie. Bauen Sie nun aus den Tonkartonresten, die Sie rechteckig zugeschnitten haben, einen Geschenkehaufen auf dem Schlitten auf. Einige der Geschenke dekorieren Sie mit großen oder kleinen Schleifen, und dann kleben Sie alles zusammen. Das sitzende Engelchen montieren Sie auf den Geschenkeberg.
Machen Sie in beide Enden der grauen Kordel eine Schlinge mit Knoten. Die eine Schlinge legen Sie um das Horn des Schlittens, die andere Schlinge hält das ziehende Engelchen in der Hand. Fixieren Sie beide Schlingen auf der Rückseite des Fensterbildes mit Klebstoff.

Verwendete Vorlagen:
A1, A2, A5, A6a, A6b, A16–A18, A20, A22, A23, A38, A39, D6

Diese Gesichter können Sie als Vorlagen verwenden, wenn Sie sie auf das Doppelte vergrößern (Kopierereinstellung 200 %).

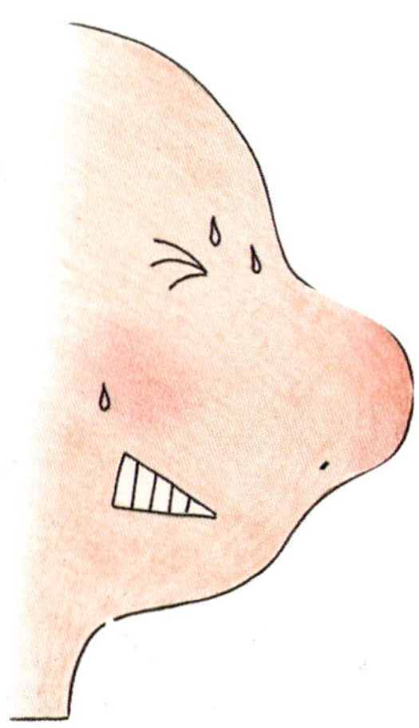

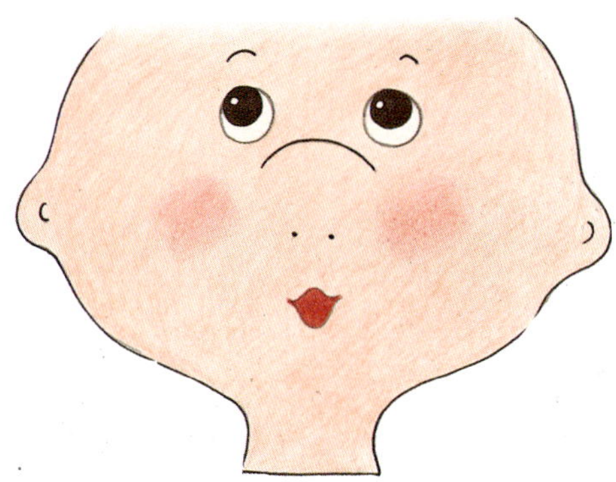

48

Rodelnde Weihnachtsgänse

Drei Weihnachtsgänse auf Schlitten? Na, wenn das mal gutgeht!

Das wird gebraucht

Tonkarton in Weiß, Orange, Grün, Lila, Gelb
Regenbogen-Tonkarton
Filzstift in Blau, Grün, Lila, Gelb, Schwarz
Decorlack-Liner in Weiß

So wird's gemacht

Die Bestandteile des Fensterbildes werden ausgeschnitten, anschließend die Gänse einzeln montiert. Der Körper der Gänse ist jeweils der gleiche, nur der Kopf wird bei der zum Betrachter schauenden Gans ausgetauscht. Zeichnen Sie die Augen der Gänse mit Filzstift auf, die Schnäbel und Füße bekommen Lichtreflexe mit weißem Decorlack. Jeder Vogel erhält noch einen farbigen Schal.
Die Schlitten werden aus Regenbogen-Tonkarton ausgeschnitten und die fertigen Gänse darauf montiert. Nun kann die Rodelpartie losgehen!

Verwendete Vorlagen:
B35, D6